AF370139

CATALOGUE

D'OBJETS D'ART

ARRIVANT D'ITALIE

CABINETS, SIÉGES, COFFRETS

MEUBLES, BELLES PORCELAINES DE CHINE, DE SAXE ET DU JAPON

FAÏENCES ITALIENNES, BORDURES

OBJETS EN ARGENT, BRONZES, TAPISSERIES, VITRAUX

ÉMAUX DE LIMOGES, ARMES

CRISTAUX DE ROCHE, TABLEAUX, OBJETS DIVERS

Dont la Vente aura lieu

HOTEL DROUOT, SALLE Nº 7

Le Jeudi 12 Février 1874

A DEUX HEURES

COMMISSAIRE-PRISEUR	EXPERT
Mᵉ CHARLES OUDART	M. ÉMILE BARRE
31, rue Le Peletier	20, Chaussée-d'Antin

Chez lesquels on trouve le Catalogue

EXPOSITION PUBLIQUE

LE MERCREDI 11 FÉVRIER 1874

IMPRIMERIE J. CLAYE
RUE SAINT-BENOIT 7
PARIS

CONDITIONS DE LA VENTE.

Elle sera faite au comptant.

Les acquéreurs payeront *cinq centimes par franc*, en sus des enchères, applicables aux frais.

L'Exposition mettant les Adjudicataires à même de se rendre compte de l'état et de la nature des objets, il ne sera admis aucune réclamation une fois l'adjudication prononcée.

DÉSIGNATION

TAPISSERIES. MEUBLES

OBJETS D'AMEUBLEMENT

1. — Cinq Tapisseries dites verdures.

2 à 5. — Quatre Cabinets à tiroirs, italiens, ornés d'incrustations d'ivoire.

6. — Petit Cabinet à tiroirs, marqueterie de bois.

7-8. — Deux Canapés en bois peint, époque *Louis XVI*.

9. — Petit Meuble reliquaire avec inscrustations d'ornements en bois.

10. — Toilette en ancienne marqueterie de Boule, époque *Louis XIII*.

11. — Cabinet à tiroirs.

12. — Petite Horloge *Louis XIII*, avec ornements en bronze.

13-14. — Deux Glaces, cadre *Louis XIII*.

OBJETS EN ARGENT

15. — Plat rond, époque *Louis XVI*.

16. — Deux Bénitiers, époque *Louis XIV*.

17-18. — Deux Bas-reliefs ovales, époque *Louis XIV*.

19-21. — Six Salières, époque *Louis XVI*.

22. — Deux Flambeaux, époque *Louis XIV*.

23. — Sucrier, époque *Louis XV*.

24. — Paire de Girandoles, époque *Louis XV*.

25. — Deux Bouts de table, époque *Louis XV*.

PORCELAINES, FAIENCES

26. — Soixante et onze Assiettes plates en porcelaine de Saxe, décor de fleurs à bords gaufrés. (Sera divisé.)

27. — Dix-huit Assiettes creuses en porcelaine de Saxe, même décor. (Sera divisé.)

28. — Soupière ovale en porcelaine de Saxe, décor de fleurs.

29. — Plat rond et creux en porcelaine de Saxe, décor de fleurs.

30. — Huit Raviers en porcelaine de Saxe. (Sera divisé.)

31. — Vingt-quatre Assiettes creuses en porcelaine de Ginori.

32. — Sept Assiettes en porcelaine. décor de fleurs.

33. — Quatre Bols en porcelaine du Japon. (Sera divisé.)

34. — Soupière et son plateau en porcelaine de l'Inde.

35. — Cinq Assiettes en porcelaine de Chine, décor d'oiseaux
dit de la famille verte.

36. — Petite Jardinière en porcelaine du Japon.

37. — Six Plats en ancienne porcelaine du Japon. décor poly-
chrome, fleurs et oiseaux.

38. — Quatre Plats ronds et creux en ancienne porcelaine du
Japon. décor de couleurs avec rehauts d'or.

39. — Deux Plats en porcelaine du Japon. avec rosaces au
centre.

40. — Plat en porcelaine de Chine. décor de fleurs.

41. — Grand Plat en porcelaine du Japon (fabrique de Fizen).

42. — Plat en porcelaine de Chine, décor de la famille verte.

43. — Deux petites Statuettes en porcelaine d'Allemagne.

44. — Statuette équestre en faïence italienne.

45. — Plaqué en bas-relief en faïence italienne, cadre bois
noir.

46 à 49. — Quatre Plaques rondes en faïence de Castelli.

50-51. — Deux Plaques en faïence de Castelli.

52. — Grand Plat rond en faïence italienne.

BRONZES

53-54. — Quatre Flambeaux en bronze *Louis XVI*.

55. — Statuette de Minerve en bronze, sur socle en marbre
vert.

56. — Statuette en bronze (l'Écorché).

57. — Deux Chenets en bronze, époque *Louis XIII*.

58. — Statuette en bronze, époque du xvi° siècle.

59. — Cadre italien en bronze repoussé.

60. — Deux Statuettes d'Amours en bronze, sur socle en bois.

61. — Statuette de Guerrier en bronze, sur socle en marbre
blanc.

62-63. — Deux Christs en bronze.

64. — Bas-relief bronze argenté et repoussé, cadre en bois noir.

65 à 67. — Trois bas-reliefs en bronze, sujets religieux.

68. — Calice en bronze.

69. — Cartel en bronze, époque *Louis XVI*.

70. — Trois pièces en bronze argenté, sujets religieux.

71. — Lots d'ornements en bronze.

OBJETS DIVERS

TABLEAUX

72 à 74. — Trois Plaques en émail de Limoges, époque du XVI° siècle.

75. — Six Vitraux anciens.

76. — Quatre Bas-reliefs en terre cuite dans leurs cadres en bois.

77. — Cadre en marbre, ornements de fleurs et de feuillages.

78. — Deux Lions en marbre ancien.

79. — Sept Bordures en bois sculpté et doré.

80. — Lot de Cristaux de roche.

81-82. — Deux Épées.

83. — Un Poignard.

84. — Christ en ivoire, époque *Louis XIV*.

85. — Croix en bois sculpté, formant reliquaire, époque *Louis XIII*.

86. — *École italienne*. La Vierge et l'enfant Jésus, cadre en filigrane d'argent.

87. — *Frank*. L'Adoration des mages, cadre en filigrane d'argent.

88. — Objets non catalogués.

PARIS. — J. CLAYE, IMPRIMEUR, 7, RUE SAINT-BENOIT. — [238]